Lea Baerens

GENESIS

Der Schaffensmoment
eines Gedichts

Lea Baerens, 1977 in West-Berlin geboren, wuchs zwischen Leinwand und Farben inmitten der damaligen Kreuzberger Künstlerszene, einer modernen Arztpraxis im Rheinland und freier Natur an der deutsch-luxemburgischen Grenze auf. Ihre ersten Buch-Illustrationen mit Bild und Schrift verfasste sie im Alter von gut vier Jahren, wenig später erste längere Briefe in Lautschrift. Heute umfasst ihr privates Werk Gedichte, Kurzgeschichten, einen mehrteiligen Roman, autobiografische Notizen, sowie Bilder, Skizzen, Fotografien und Mode-Design.

Als promovierte Kunstwissenschaftlerin und mit einem Master of Business Administration (MBA) publiziert Lea Baerens parallel zu ihrem privaten Werk im Geisteswissenschaftlichen und als Ko-Autorin einer medizinischen Universitäts-Forschungsgruppe. Längere USA-Aufenthalte seit der Jugend, darunter als Post-Graduate Fellow an der Harvard University, Cambridge, legten den Grundstein für ihr bilinguales – deutschenglisches – Werk.

Lea Baerens lebt aktuell mit ihrem Partner in der Nähe von Frankfurt am Main. Ihr Sohn ist erwachsen. Partner und Sohn widmet Lea Baerens ihr gesamtes privates Werk in Wort & Schrift, Bild, Foto & Design.

Kontakt zur Autorin: dr.lea.baerens@web.de

Von Lea Baerens liegen bei BoD vor:

RAUM & FIGUR bei BECKMANN & MIES VAN DER ROHE (9783751901000)

GENESIS # Der Schaffensmoment eines Gedichts (9783751904513)

POEMS # Liebe.01 & Liebe.02 (9783751900416)
POEMS # Familie&Familiäres * kurz gedacht * last supper (9783751900430)
POEMS # aufgeschrieben * dialog(e) * der.die.da * gesagt_getan (9783751900447)

NOTIZEN # Erotik (9783751900386)
NOTIZEN # Du * Notizen (9783751900409)

KLEINE TEXTE # Die besten Geschichten schreibt das Leben (9783750495074)

Lea Baerens

GENESIS

Der Schaffensmoment eines Gedichts

Books on Demand, Norderstedt

Bibliografische Information der Deutschen Nationalbibliothek:
Die Deutsche Nationalbibliothek verzeichnet diese Publikation in der Deutschen Nationalbibliografie; detaillierte bibliografische Informationen sind im Internet über http://dnb.dnb.de abrufbar.

Originalausgabe
1. Auflage 2020
© 2020 Lea Baerens
Umschlag/Bildredaktion: © Lea Baerens
Umschlagabbildung: © Lea Baerens
Abbildung Umschlagrückseite: © Lea Baerens
Abbildungen im Buch: © Lea Baerens
Satz und Litho: © Lea Baerens
Porträtfoto: Foto Gregor, Köln
Herstellung & Verlag: BoD – Books on Demand, Norderstedt
Printed in Germany ISBN 9783751904513

Inhaltsverzeichnis

Genesis – der Augenblick VOR dem Gedicht

... wenn Worte ganz leise, sanft in mir entstehen, ihren Weg aufs Papier finden – jener innere Schaffensmoment, der in meinem ansonsten publizierten Gesamtwerk zumeist der Welt verborgen bleibt; sondern danach vielmehr „einfach" ein Gedicht, eine Geschichte lesbar dastehen, ein Bild zu betrachten ist... Mitunter finden sich in meinen Skizzen- und Notizbüchern erhaltene Spuren hin zu einem fertigen Werk und/ oder einem Werkzyklus. Doch die tatsächliche Genese eines einzelnen Gedichts ist bislang – zufällig und in dem Schaffensmoment spontan ohne konkrete Absicht – nur einmalig fast vollständig zu Papier gekommen, ausnahmsweise zeige ich den Moment des Entstehens daher.

In jenem Augenblick des Schreibens und Zeichnens damals versuchte ich zu verstehen, was ich eigentlich so oft schon erlebt hatte und doch noch immer wie das erste Mal empfand. Den Schmerz einer sich eigentlich nie ganz gefundenen und dennoch seltsam aufrichtigen, nun aber sich plötzlich verändernden, zerbrechenden Möglichkeit einer Liebe, ehe alles sich tatsächlich ausformuliert, eine Form wie Beziehung oder Freundschaft gefunden hatte. Dem gegenüber stand in mir, erneut ganz für mich, jene mir eigene Liebe an sich.

Während ich die nachstehenden Postkartenrückseiten, Karteikarten und Zwischentexte (= Vor-Gedichte) verfasste, suchte ich nach einem Ausweg aus dem Schmerz und einem Weg zum Weitergehen. Weitergehen wollte ich frei vom Schmerz, erneut voller Hoffnung, Freude, Vertrauen und Liebe. Noch während ich schrieb und zeichnete, wusste ich, mit Abstand ist es wie andere

Male zuvor. Ob das tiefe innere Wissen um die Wiederholbarkeit des Liebeskummers es schmerzhafter oder leichter machte in dem Moment, weiß ich bis heute nicht.

Was ich aber erneut spürte, und mehr denn je in mir spüre, waren und sind mein Wunsch und mein Mut, einfach zu lieben, ohne Angst und ohne Erinnerung an den Schmerz, wohl aber mit der inneren Gewissheit von Liebe und Vertrauen. Genau deswegen ist meine heutige Liebe zu meinem Partner tatsächlich manchmal wie meine erste Liebe, und je länger wir gemeinsam des Weges unterwegs sind, desto mehr wird es diese eine Liebe meines Lebens. Den Mut diese Liebe zu leben und als er/sie vor mir stand anzunehmen, fand ich lange vor unserer Begegnung in vielen einzelnen Momenten, so auch beim Verfassen der anhängenden Karten.

Die Rückseiten der Postkarten sind leicht erkennbar. Die Karteikarten sind alle auf Vorder- und Rückseite beschriftet. Vorne und Hinten sind nicht immer eindeutig, mitunter ist es wie ein Gedankenspiel, in welcher Reihenfolge man sie lesen möchte. Sinn oder Unsinn ergeben sie vorwärts und rückwärts betrachtet.

Prolog

(1) Es macht

(2) Es ergibt alles (k)einen Sinn

(sinn)loser (Un)Sinn

Erster Gedanke

vorformuliert

vorgezeichnet

vorgesehen   Moment(Aufnahme)

vorbestimmt   Erkenntnis(Reichtum)

vorgeformt   Paradigmen(Wechsel)

vorgedacht   Schlüssel(Bund)

vorgemacht   Lebens(Mut)

...ich mir was vorgemacht? War das so gedacht?

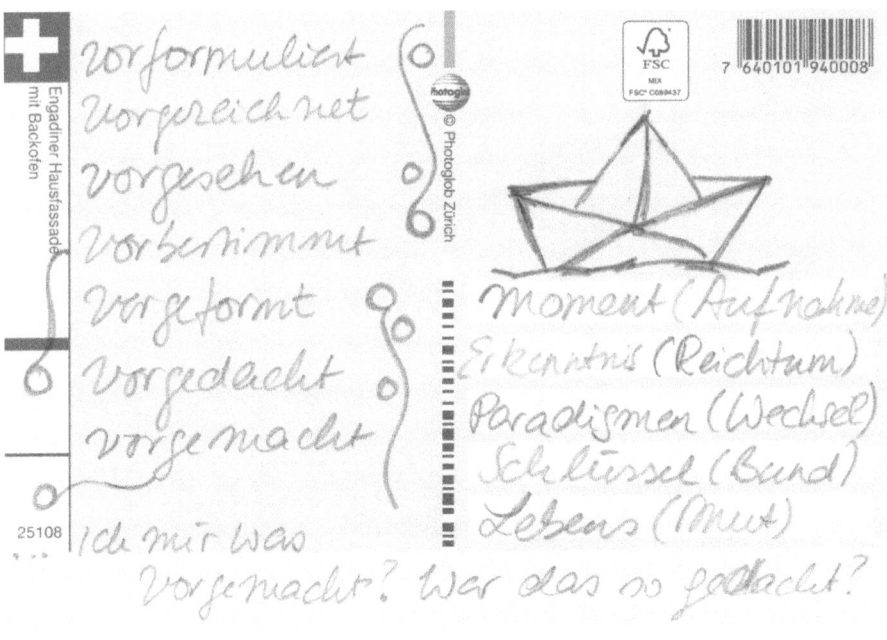

Zweiter Gedanke

Sinn

sinnlos

sinnloser Sinn   Höhen(Rausch)

sinnloser Unsinn   Luft(Kissen)

unsinniger Sinn   Wolken(Bett)

sinniger Sinn   Traum(Schloss)

Ich hab's verstanden...   Frei(Flug)

Ich lass Dich los = frei!

Dritter Gedanke

Buch(Staben)

Wort(Sinn)

Eis(Zeit)

Gletscher(Schmelze)

Stein(Bruch)

Farben sammeln

Farben sammeln

Sommersonne speichern

Erkenntnis

Gottes(Glaube)

Selbst(Erkenntnis)

sein (wir)

sein

(wir)

beieinander sein

nah sein

fern sein

vertraut sein

fremd sein

liebend sein

kühl sein

fair sein

unfair sein

getrennt sein (voneinander)

sein (Du)

sein

(Du)

Dein sein

mein sein

Dein Dein

mein nein

sein

(Du)

Du Du sein

sein (Du)

ich

(sein)

Dein sein

mein sein

Dein nein

mein mein

sein

(ich)

ich ich sein

gezeichneter Kreis

Du – Du

ich – ich

wir nicht wir

ich – ich

Du – Du

es ist wie es war, vor Dir und mir

Zwischentext.01: a long way home

a long way home

it was
what it was

it is
what it is

sometimes
they belong to one another
was and is

sometimes
they are what they were and are
"was and is"

just as we
you and I
us

once we were
you as you
me as me
us as us

now we are
you
me
us?

a long way home

once started
when born
you and I

far away
so close
our both journey
of life
of love?

Stille

Stille

ich bin still
Dir gegenüber
seither
und rede mit anderen
auch seither
und seither spreche ich
über Dich, über mich,
über uns

ich schreibe wieder
habe meine Worte zurück
die doch neue sind
seither
denn seitdem ist alls
anders
beginnt etwas neu – ich
& ich spreche, rede, schreibe,
fühle, denke, bin

Tausend Worte reichen nicht

Tausend Worte
reichen nicht

Tausend Worte reichen
nicht
tausend an Dich begonne,
konzipierte Briefe reichen
nicht
um Dir zu erzählen, zu
erklären, was passiert
ist

warum ich schweige
und doch nicht stumm
bin, sondern spreche
nicht (mehr) mit Dir
sondern über Dich, mich, uns

kunterbunt

kunterbunt

Gefühl um Gefühl

Gedanke um Gedanke

Farbe um Farbe

Kreis um Kreis

kunterbunt

Glasperlen

Glasperlen

Glasperlenspiel
sie klirren, klingen

Glasperlen
wenn Glasperlen
zerbrechen

Glassplitter
einer Liebe
meiner Liebe zu Dir

liebe (ich)

liebe

(ich)

ich liebe

ich liebe Dich

ich liebe Dich nicht

ich liebe Dich doch

ich liebe

ich liebte Dich

ich liebte Dich sehr

ich liebte Dich noch

mehr

liebe ich Dich?

Gefühle

Gefühle

meine
Deine
keine

ich für Dich?

Du für mich?

schlafen (nachts)

schlafen
(nachts)

ich tief und fest
dann nicht
in Deinem Arm
weit weg von Dir
wir miteinander
einmal
einmal ist keinmal
ich schlafe nachts
alleine, tief & fest

Gefühle (meine)

Gefühle

(meine)

für Dich

gegen Dich

Liebe   Hoffnung

Wut   Enttäuschung

Fragen   Antworten

Du nah – fern

meine Gefühle

für Dich

wieder meine

des Tags des Nachts

des Tags
des Nachts

ich denke
an Dich
nicht an Dich

erinnere
Dich
mich
versuche zu vergessen
Dich, uns

Zwischentext.02: Trennungsschmerz

Trennungsschmerz

Schmerz trennt

mich von Dir
Dich von mir

Du meintest ich brauche Dich nicht

Du meintest

ich brauche

Dich nicht

Du hast recht,

ich brauche Dich

nicht mehr

ich brauchte

Dich

ich hätte Dich

gebraucht

nun aber brauche

ich Dich nicht mehr

reden (wir)

reden

(wir)

wir reden

miteinander

übereinander

aneinander vorbei

über uns

nicht über uns

über vieles

über vieles nicht

nicht mehr...

Zwischentext.03: wach des Nachts

wach des Nachts
ein Blick aufs Display
leuchtend hell
in meinen Farben
aber ohne Worte
von Dir

Nacht um Nacht
unvermittelt
unverhofft
nun ganz oft
zunächst mich sehnend
dann hoffend
dann fragend
schließlich erleichtert
begreifend
erkennend
dass ich ohne Dich
erst ich bin
weil Du nicht
ein Teil von mir sein magst
geschweige denn kannst
noch weniger mich
einen Teil von Dir
wirklich zu sein lassen vermagst

ich mich des nachts
Nacht um Nacht
befreit
aus dem Zwischenraum
von Sein und Nicht-Sein
um zu sein wer ich bin
nämlich ich
in endlosen Weiten und Räumen

blutrot

warum ich Dich so sehr liebe

warum ich Dich

so sehr liebe

weiß ich selbst nicht

weiß ich ganz gut

weiß ich nicht gut

genug

möchte ich genau

wissen

möchte ich gar nicht

wissen

möchte ich einfach

vorüberziehen lassen

...frage ich mich

... (Name)

...   ...

nein

ja

vielleicht

weiß nicht

weiß doch

weiß vielleicht

bin da

bin weg

bin hier

bei Dir

Du weit weg

von mir

ich vermisse

ich vermisse

Dich nicht

Dich doch

Dich doch nicht

...doch Dich

35

liebe ich Dich?

liebe ich

Dich?

oder liebe

ich Dich

in mir?

Schritt um Schritt

Schritt

um Schritt

auf Dich zu

von Dir weg

Schritt um

Schritt

lassen (ich)

lassen

(ich)

ich Dich

lassen

los lassen

allein sein

lassen

Dein sein lassen

mein sein lassen

Dich verlassen

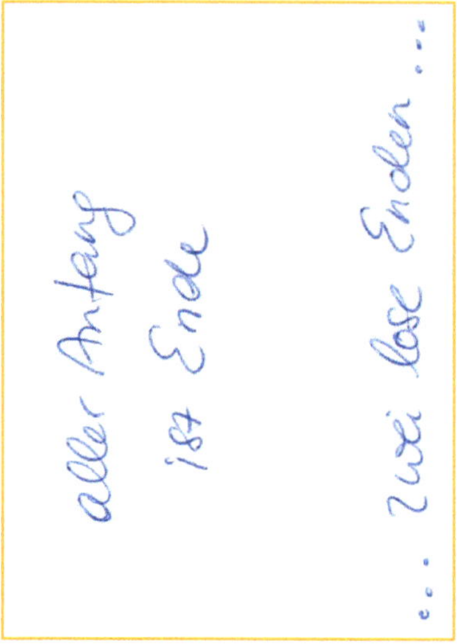

aller Anfang
ist Ende

... zwei lose Enden ...

alles Ende
ist Anfang

... zwei lose Enden ...

Du da

Du da

Du da
ganz nah
fern von mir
hier bei mir
nur nicht
bei mir

wo sind wir?

wo sind

wir?

Du da

ich hier

hoffnungsgrün

es ist besser so

es ist

besser so

so wie

es ist

aufblühen

von jetzt auf gleich

von jetzt

auf gleich

Du da

Du weg

eine Blüte

Das Gedicht.final: Wenn Winde wieder weh'n

wenn Winde wieder weh'n
vergangene Zeiten neu entsteh'n
das Einstige jetzt - fern ganz nah
Du da, hier
und doch immer nur bei Dir
der Sehnsucht vieler Worte
unerreicht
Dein Wesen
sich zu öffnen
zu erwärmen
Ruhe, Rast zu finden
wonach Du strebst
unaufhörlich suchst
und doch nicht siehst
erkennst
was längst offenbar
Du Dein
nicht mein
doch lieben könnt' ich Dich
sanft und zärtlich zuweilen

wenn Winde wieder weh'n
vergangene Zeiten neu entsteh'n
Du nah, ganz fern
für einen Augenblick
bei mir
doch ich nicht hier
bin entronnen Dir